Dados Internacionais de Catalogação na Publicação (CIP) de acordo com ISBD

S844m	Stevens, Gillian
	  Meu diário rebelde / Gillian Stevens ; traduzido por Monique D'Orazio ; ilustrado por Natalia Moore, Charlotte Pepper. - Jandira, SP : Ciranda Cultural, 2020.
	  48 p. : il. ; 12cm x 15,5cm.
	
	  Tradução de: Rebel Diary
	  ISBN: 978-85-380-9151-6
	
	  1. Literatura infantojuvenil. 2. Ficção. I. D'Orazio, Monique. II. Moore, Natalia. III. Pepper, Charlotte. IV. Título.

2019-2338	CDD 028.5 CDU 82-93

Elaborado por Vagner Rodolfo da Silva - CRB-8/9410

Índice para catálogo sistemático:
1. Literatura infantojuvenil 028.5
2. Literatura infantojuvenil 82-93

© 2020 Ciranda Cultural Editora e Distribuidora Ltda.
Produção: Ciranda Cultural
Tradução: Monique D'Orazio
Preparação: Paloma Blanca Alves Barbieri

1ª Edição em 2020
www.cirandacultural.com.br
Todos os direitos reservados.

MEU PERFIL

Um pouco sobre mim:

Nome:
....

Aniversário: Signo:
....

Meus olhos são:
....

Meu cabelo é:
....

Cor favorita:
....

Comida predileta:
....

Animal que mais gosto:
....

Música favorita:
....

Programa de TV que acompanho:
....

Coisas que a maioria das pessoas não sabe sobre mim:
....
....

O TIPO DE PESSOA QUE EU QUERO SER...

Marque ✓ , ✓✓ ou ✓✓✓ para cada resposta com a qual você mais se identifica.

Um líder que promove mudanças muito importantes.

Um escritor que inspira as pessoas com o seu trabalho.

Um esportista que une o país.

Um artista que muda a forma como as pessoas pensam.

Um cientista que melhora a vida de todos.

Um explorador que mostra novas culturas.

Um ativista que ajuda os que precisam.

SE EU FOSSE UM LÍDER

COMO A POLÍTICA MUDA A VIDA DAS PESSOAS

NELSON MANDELA

DATAS: 1918-2013

NACIONALIDADE: sul-africano

OCUPAÇÃO: presidente da África do Sul, ativista

FATO IMPORTANTE: recebeu o Prêmio Nobel da Paz em 1993

Quando estudou Direito em Joanesburgo, Nelson Mandela era o único aluno negro da universidade. Mais tarde, ele abriu o primeiro escritório de advocacia com profissionais negros e se juntou ao Movimento dos Direitos Civis. Como líder do Congresso Nacional Africano (CNA), lutou contra o *apartheid* – um sistema em que os cidadãos negros da África do Sul eram separados dos brancos e não tinham os mesmos direitos.

Mandela promovia movimentos pacíficos, mas, quando planejou bombardear edifícios, foi acusado de terrorismo e enviado para a prisão, em 1962. Durante os 27 anos em que ficou preso, permaneceu fiel ao ideal de que todos deveriam ter direitos iguais na África do Sul.

Quando finalmente foi solto, em 1990, ele continuou sua campanha. Seu sonho se realizou em 1994, quando todos os cidadãos, brancos e negros, passaram a votar.

Nelson Mandela foi o primeiro presidente negro da África do Sul e se tornou um símbolo de igualdade em todo o mundo.

"A educação é a arma mais poderosa que você pode usar para mudar o mundo." Nelson Mandela

SE EU FOSSE O DIRETOR/A DIRETORA DA ESCOLA

Novas regras para os alunos:

1. ..

2. ....

3. ....

4. ..

5. ....

6. ....

SE EU FOSSE PRESIDENTE...

Novas leis que eu criaria:

....
....
....
....
....
....
....
....
....

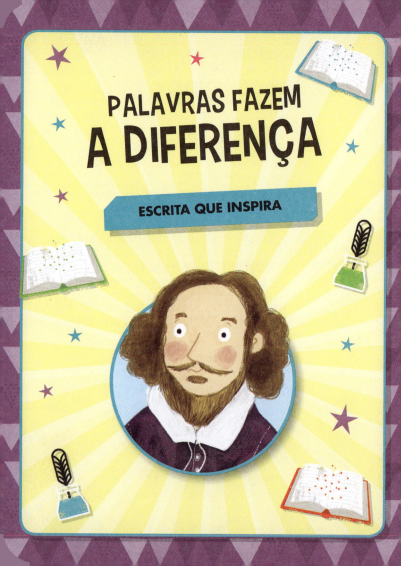

WILLIAM SHAKESPEARE

DATAS: 1564-1616

NACIONALIDADE: inglês

OCUPAÇÃO: dramaturgo, ator e poeta

FATO IMPORTANTE: maior dramaturgo do mundo

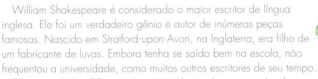

William Shakespeare é considerado o maior escritor de língua inglesa. Ele foi um verdadeiro gênio e autor de inúmeras peças famosas. Nascido em Stratford-upon-Avon, na Inglaterra, era filho de um fabricante de luvas. Embora tenha se saído bem na escola, não frequentou a universidade, como muitos outros escritores de seu tempo.

Ele se casou aos 18 anos e, mais tarde, mudou-se para Londres com a família, onde se juntou a uma companhia de teatro e começou com pequenos trabalhos. Logo, tornou-se o principal dramaturgo da companhia, atuou em muitas de suas peças e depois dirigiu a companhia de teatro.

Ao todo, escreveu 37 peças, levando cerca de três meses para finalizar cada uma. Algumas, como *Hamlet* e *Romeu e Julieta*, eram trágicas; outras, como *Sonho de uma noite de verão*, eram de comédia, e havia ainda as históricas. Cada peça foi escrita com uma poesia excepcional e inclui personagens inesquecíveis. É por isso que as suas obras ainda são lidas e apresentadas em todo o mundo, mesmo 400 anos depois de sua morte.

"Para ti mesmo, seja verdadeiro." William Shakespeare

MELHORES LIVROS QUE EU LI

1. ....,

porque ....

2. ....,

porque ....

3. ....,

porque ....

Melhor autor(a):
....

FILMES QUE ME INSPIRAM

1. ....,

porque ....

2. ....,

porque ....

3. ....,

porque ....

Melhor ator/atriz:

....
....

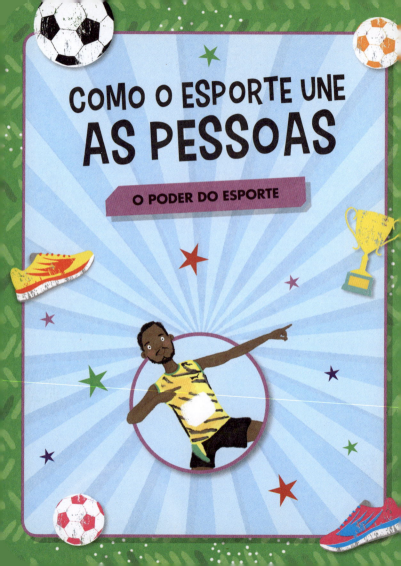

...../...../.....

DIÁRIO REBELDE,

Hoje ....

LEMBRANÇAS DO ESPORTE

Melhores lembranças:

1. ....

2. ....

3. ....

Momentos para esquecer:

1. ....

2. ....

3. ....

USAIN BOLT

DATAS: 21 de agosto de 1986

NACIONALIDADE: jamaicano

OCUPAÇÃO: velocista

FATO IMPORTANTE: considerado o homem mais rápido de todos os tempos

Apelidado de "relâmpago", Usain Bolt é dono do recorde mundial dos 100 e 200 metros livres e ganhou a medalha de ouro em ambas as provas nos Jogos Olímpicos de 2008, 2012 e 2016. Bolt nem sempre quis ser velocista. Nascido em uma pequena cidade da Jamaica, preferia jogar futebol de rua ou críquete, mas quando um treinador de atletismo percebeu como ele corria rápido, Bolt foi convencido a mudar o foco.

Ele não gostava das longas horas de treinamento e se escondia para pregar peças no treinador. Porém, seu talento natural fez com que, aos 15 anos, se tornasse o medalhista de ouro mais jovem em provas juniores de corrida – mesmo usando sapatos de corrida invertidos!

A personalidade descontraída de Bolt teve grande influência em seu sucesso. Talvez não tenha sido coincidência que, pouco antes de quebrar o primeiro recorde mundial, um enorme relâmpago tenha cruzado o céu sobre o estádio. Ele adotou a "pose do raio" para comemorar as vitórias que fizeram dele um dos esportistas mais famosos e populares de todos os tempos.

> "O fácil não é uma opção. Não há dias de descanso. Nunca desista. Não tenha medo. Talento você tem naturalmente. Só se desenvolve a técnica com horas e horas de trabalho." Usain Bolt

COMO O ESPORTE PODE AJUDAR MINHA COMUNIDADE

1. ....
2. ....
3. ....
4. ....
5. ....

MEUS ÍDOLOS DO ESPORTE

1. ....
2. ....
3. ....
4. ....
5. ....
6. ....
7. ....

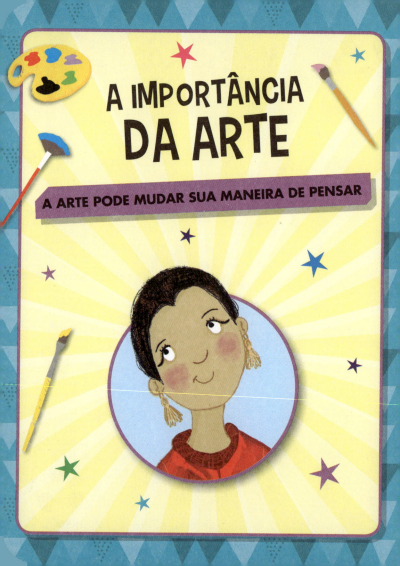

TUDO SOBRE ARTE

Pessoas que podem me orientar neste assunto:

1. ....
2. ....

Livros e sites em que posso pesquisar:

1. ....
2. ....

Exposições que já visitei:

1. ....
2. ....

TARSILA DO AMARAL

DATAS: 1886-1973

NACIONALIDADE: brasileira

OCUPAÇÃO: pintora

FATO IMPORTANTE: a "Cratera Amaral", no planeta Mercúrio, foi batizada assim em sua homenagem.

Tarsila do Amaral é considerada uma das principais representantes da Arte Moderna no Brasil. Uma vez, ela escreveu: "Quero ser a pintora do meu país" e, com 230 pinturas, 5 esculturas e centenas de desenhos, alcançou esse objetivo. Tarsila viajava regularmente a Paris e acompanhava as últimas novidades e ideias da Europa, mas acreditava que a arte brasileira deveria representar a vida no Brasil.

Quando criança, adorava cores vibrantes, mas foi ensinada que esses tons não eram sofisticados. Mais tarde, usou essa paixão pela cor em todas as suas pinturas, e os tons vivos passaram a definir seu trabalho, como é possível notar em *Carnaval em Madureira*, *Morro da favela*, *EFCB (Estrada de Ferro Central do Brasil)*, *O mamoeiro* e *São Paulo*.

Suas pinturas capturam com brilhantismo a cultura, as paisagens e o povo brasileiro em um estilo que alterou os rumos da arte brasileira. O trabalho da artista, atualmente, é exibido em importantes museus do mundo.

"Você pode fechar os olhos para as coisas que não quer ver, mas não pode fechar seu coração para as coisas que não quer sentir." Tarsila do Amaral

ARTE MODERNA QUE EU GOSTARIA DE VER

Artista:
....
Peça:
....
Onde:
....

Artista:
....
Peça:
....
Onde:
....

..... / ..... / .....

DIÁRIO REBELDE,

Hoje ....
....
....
....
....
....
....
....
....
....
....
....
....
....

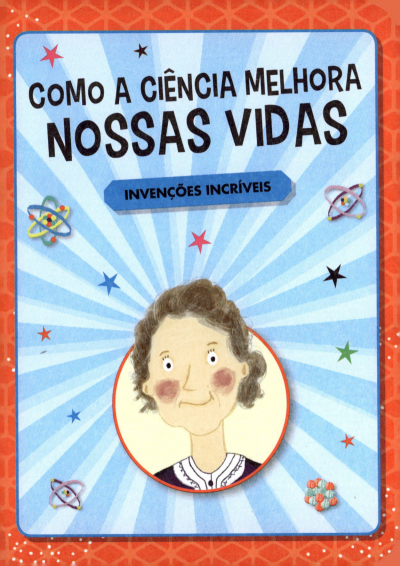

..... / ..... / .....

DIÁRIO REBELDE,

Hoje ....
....
....
....
....
....
....
....
....
....
....

MARIE CURIE

DATAS: 1867-1934

NACIONALIDADE: polonesa

OCUPAÇÃO: cientista

FATO IMPORTANTE: ganhou 2 Prêmios Nobel

Marie Curie é lembrada por ter descoberto os elementos químicos rádio e polônio, e por sua enorme contribuição para a luta contra o câncer. Nascida na Polônia, mudou-se para a França, onde continuou os estudos e se tornou pesquisadora. Depois de 11 anos de estudos e pesquisas, conseguiu isolar o elemento rádio e, no ano seguinte, em 1903, com seu marido, recebeu o Prêmio Nobel de Física, tornando-se a primeira mulher a receber o prêmio.

Apesar da trágica morte do esposo, que foi atropelado por uma carruagem, Curie continuou sua pesquisa e, em 1911, recebeu o Prêmio Nobel de Química, por criar uma forma de medir a radioatividade, tornando-se a primeira pessoa a receber o Prêmio Nobel duas vezes.

Durante a Primeira Guerra Mundial, Marie Curie desenvolveu pequenas unidades móveis de radiografia, apelidadas de "petites Curies", que podiam ser usadas para diagnosticar lesões de soldados nos campos de batalha. Sua pesquisa foi vital para o desenvolvimento dos raios X para uso cirúrgico, e ela ensinou a muitos médicos sobre essas novas técnicas. Apesar disso, continuou a enfrentar oposição de cientistas homens. Após a guerra, Marie se tornou reconhecida mundialmente por seu trabalho extraordinário.

> "Devemos ter perseverança e confiança em nós mesmos. Devemos acreditar que temos talento para alguma coisa, e que essa coisa pode ser alcançada." Marie Curie

MAIORES AVANÇOS CIENTÍFICOS
COISAS QUE EU QUERIA TER DESCOBERTO NA...

MEDICINA:
Avanço: ....
Quem descobriu: ....

ENGENHARIA:
Avanço: ....
Quem descobriu: ....

ASTRONOMIA:
Avanço: ....
Quem descobriu: ....

QUÍMICA:
Avanço: ....
Quem descobriu: ....

FÍSICA:
Avanço: ....
Quem descobriu: ....

FÍSICA QUÂNTICA:
Avanço: ....
Quem descobriu: ....

ARQUEOLOGIA:
Avanço: ....
Quem descobriu: ....

...../...../.....

DIÁRIO REBELDE,

Hoje ....

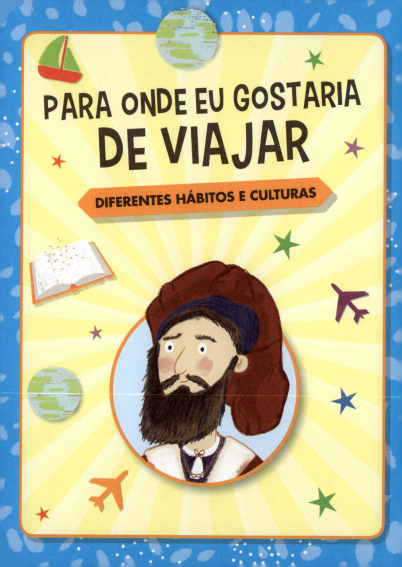

MINHAS VIAGENS

Melhores lugares que eu já visitei:

1. ....
2. ....
3. ....

Lembranças mais felizes das viagens que fiz:

1. ....
2. ....
3. ....

LEMBRANÇAS DE VIAGEM

Lembranças mais felizes das viagens que fiz:

1. ....
2. ....
3. ....
4. ....
5. ....
6. ....
7. ....
8. ....

MARCO POLO

DATAS: 1254-1324

NACIONALIDADE: italiano

OCUPAÇÃO: comerciante e explorador

FATO IMPORTANTE: foi um dos primeiros europeus a chegar à China

Marco Polo foi um comerciante e aventureiro veneziano. Nascido em uma família rica, viajou muito com o pai, um bem-sucedido comerciante de joias. Pai e filho deixaram a Europa em 1271 e ficaram na Ásia até 1295. Desses anos, eles passaram 17 na China, como conselheiros de Kublai Khan. Quando voltaram para a Itália, depois de mais de 20 anos, tudo havia mudado em sua cidade natal, e Marco Polo foi capturado em um cerco. Enquanto estava na prisão, escreveu sobre suas viagens e experiências na Ásia, no livro *As viagens de Marco Polo* – um relato que mostra vividamente a diferença de cultura entre o Ocidente e o Oriente.

Por centenas de anos, Marco Polo foi a única fonte de informação europeia sobre a China, e seus escritos se tornaram uma inspiração para exploradores como Cristóvão Colombo, que levou um exemplar do livro de Polo quando partiu em busca de uma nova rota para o Oriente, em 1492.

"Quem comanda a narração não é a voz: é o ouvido." Marco Polo

PAÍSES QUE EU GOSTARIA DE VISITAR

Continente: ....

País: ....

Continente: ....

País: ....

Continente: ....

País: ....

Continente: ....

País: ....

..../..../....

DIÁRIO REBELDE,

Hoje ....
....
....
....
....
....
....
....
....
....
....
....

PESSOAS QUE POSSO AJUDAR

Nome: ....
Posso ajudar ao ....
....

Nome: ....
Posso ajudar ao ....
....

Nome: ....
Posso ajudar ao ....
....

..../..../....

DIÁRIO REBELDE,

Hoje ....
....
....
....
....
....
....
....
....
....
....
....
....

MELHORES AMIGOS

Nome: ....

Aniversário: ....

Melhor lembrança: ....

Melhor amigo porque ....

Nome: ....

Aniversário: ....

Melhor lembrança: ....

Melhor amigo porque ....

MALALA YOUSAFZAI

DATAS: 12 de julho de 1997

NACIONALIDADE: paquistanesa

CAUSAS: ativista dos direitos das mulheres

FATO IMPORTANTE: a mais jovem vencedora do Prêmio Nobel

Aos 11 anos, Malala Yousafzai criou um blogue no qual relatou o fechamento das escolas para meninas em seu país natal, o Paquistão. Ela fez uma campanha defendendo o direito das meninas ao estudo e ganhou o primeiro Prêmio Juvenil da Paz, aos 14 anos. Isso chamou a atenção do Talibã, uma organização terrorista no Paquistão.

Eles fizeram ameaças contra ela, e, quando Malala tinha apenas 15 anos, foi baleada na cabeça durante seu trajeto da escola para casa. Esse atentado virou notícia no mundo todo, e ela foi levada para o Reino Unido, a fim de ser tratada. Malala ficou no Reino Unido e continuou sua defesa pela importância da educação.

Ela foi convidada para falar nas Nações Unidas, em Nova Iorque, quando tinha 16 anos, e, um ano depois, recebeu o Prêmio Nobel da Paz. Ela também criou o Fundo Malala, com o objetivo de oferecer "um mundo onde todas as meninas possam aprender e se tornar líderes sem medo". O fundo trabalha em regiões onde a educação para meninas está mais ameaçada, como Paquistão, Afeganistão, Índia e Nigéria.

"Os extremistas temiam – e temem – livros e canetas. O poder da educação os assusta. Eles têm medo das mulheres... Vamos pegar os livros e as canetas. Essas são nossas armas mais poderosas." Malala Yousafzai

PESSOAS INSPIRADORAS QUE EU CONHEÇO

Nome: ....
Motivo: ....
....

Nome: ....
Motivo: ....
....

CAUSAS IMPORTANTES NO MEU PAÍS

Causas que admiro:

Nome: ....
Motivo: ....
....

...... / ...... / ......

DIÁRIO REBELDE,

Hoje ....

COMO POSSO FAZER A DIFERENÇA

Na minha comunidade:

1. ....
2. ....
3. ....

No mundo:

1. ....
2. ....
3. ....

A melhor coisa que eu poderia fazer para ajudar neste momento:

....
....
....

HALL DA FAMA

AS 10 PESSOAS QUE ME INSPIRAM:

1. ....
2. ....
3. ....
4. ....
5. ....
6. ....
7. ....
8. ....
9. ....
10. ....

TRABALHO DOS SONHOS

Tipo de trabalho: ....
Lugar: ....
Motivo: ....
....
....
....

Meu plano para conseguir esse trabalho:
....
....
....
....
....

..... / ..... / .....

DIÁRIO REBELDE,

Hoje .....

METAS PARA O FUTURO

1. ....
2. ....
3. ....
4. ....
5. ....
6. ....
7. ....
8. ....
9. ....
10. ....
11. ....
12. ....